الخلاص الكامل

ديريك برنس

الخلاص الكامل

Originally published in English under the title
Complete Salvation
ISBN 978-1-982283-42-9

Copyright © 1973, 2002 Derek Prince Ministries–International.
All rights reserved.

المـــؤلـــــف : ديريك برنس
النـــاشـــــر : المؤسسة الدولية للخدمات الاعلامية ت: +٢٠ ١٠٠ ٨٥٥ ٩٨٨٩
المطبعـــــــة : مطبعة سان مارك ت: +٢٠٢ ٢٣٤١٨٨٦١
التجهيـز الفنـــي: جي سي سنتر ت: +٢٠٢ ٢٦٣٧٣٦٨٦
الموقع الالكتروني: www.dpmarabic.com
البريـد الالكترونـي: sales@dpmarabic.com
رقـــم الايـــداع: ٢٠٠٨/٢٠٢١٤
الترقيـم الدولـي: 977-6194-18-4

جميع حقوق الطبع في النسخة العربية محفوظة © المؤسسة الدولية للخدمات الإعلامية

ولا يجوز استخدام أو اقتباس أي جزء أو رسومات توضيحية من الواردة في هذا الكتاب
بأي شكل من الأشكال إلا بإذن مسبق

Derek Prince Ministries–International
PO Box 19501
Charlotte, North Carolina 28219
USA
Translation is published by permission

Copyright © 2013 Derek Prince Ministries–International

www.derekprince.com

DPM

المحتوى

مقدمة	....	٤
١. خلاص هذا مقداره	....	٥
٢. استخدام العهد الجديد لكلمة «الخلاص»	....	٢٣
٣. الصليب: المبادلة	....	٣٥
٤. الصليب: تبادل	....	٥٣
٥. كيف نحصل على ما فعله الله	....	٧١

مقدمة

أود أن أنبر وأؤكد على أن خلاصنا عظيم وكامل، لأني أعتقد أن كثيراً من المؤمنين الذين اختبروا الخلاص لم يختبروا كل ما ضمنه الله في الخلاص الذي قدمه. يبدو الأمر وكأنهم يحيون في أحد أركان منزل صغير، في حين أنهم قد دخلوا بالفعل قصراً فخماً كبيراً ورائعاً أعده الله لهم. في الواقع، لا أعتقد أن أحداً من المؤمنين في هذه الأيام اختبر كل ما أعده الله وقدمه من خلال الخلاص بالكامل بما في ذلك أنا. وأشكر الله على أني أستمتع بأكثر جداً مما استمتعت به حين خلصت عام ١٩٤١م، لكني أعلم أنه يوجد الكثير والكثير جدا لجميعنا.

١

خلاص هذا مقداره

في (عبرانيين ٢ : ٣)، يتساءل الكاتب: «**كَيْفَ نَنْجُو نَحْنُ إِنْ أَهْمَلْنَا خَلاَصاً هَذَا مِقْدَارُهُ...؟**»

إنه خلاص عظيم ذاك الذي أعده الله لنا من خلال يسوع المسيح. ومع هذا، فواحد من أكبر المخاطر التي تواجهنا هو «إهماله» - أي، ألاّ ندخل فعليا إليه. يتضمن الإهمال قبول خلاصنا العظيم كحقيقة لاهوتية أو عقائدية فقط دون اختباره بالكامل.

فهم عظمة خلاصنا

في (أفسس٣ : ١٧- ١٩)، يصلي الرسول بولس لأجل شعب الله قائلاً:

«لِيحلَّ الْمَسِيحُ بِالإِيمَانِ فِي قُلُوبِكُمْ، وَأَنْتُمْ مُتَأَصِّلُونَ وَمُتَأَسِّسُونَ فِي الْمَحَبَّةِ، حَتَّى تَسْتَطِيعُوا أَنْ تُدْرِكُوا مَعَ جَمِيعِ الْقِدِّيسِينَ مَا هُوَ الْعَرْضُ وَالطُّولُ وَالْعُمْقُ وَالْعُلْوُ، وَتَعْرِفُوا مَحَبَّةَ الْمَسِيحِ الْفَائِقَةَ الْمَعْرِفَةِ، لِكَيْ تَمْتَلِئُوا إِلَى كُلِّ مِلْءِ اللهِ.»

أتخيل أن خلاصنا العظيم أشبه بالدخول إلى قصر فخم. به العديد من الأروقة، بجانب أنواع مختلفة من الحجرات. فإذا نظرنا أولا، لعرضه - فإن عيوننا لن تصل لنهاية أيٍّ من جنابته في أي اتجاه. ثم إذا نظرنا أمامنا نحو طوله، فلن نتمكن من رؤية نهايته. ثم تخيل نفسك تقف على سلالم فخمة وسط هذا القصر الرائع. وحين تنظر لأسفل، لا تتمكن من رؤية كل ما أسفل قدميك. أخيراً، وفيما تنظر لأعلى، تجده يمتد لأبعد مما يمكن أن تراه بعينيك!.

نفهم من صلاة بولس أن الله لا يريدنا أن نبقى

معزولين في ركن صغير من القصر الذي دخلنا إليه. لكنه يريدنا أن نفهم، نستوعب، ونعي ـ المدى الكامل لخلاصنا العظيم: عرضه وطوله وعمقه وعلوه.

إن لكلمة «خلاص» استخدام واسع في الكتاب المقدس. فرغم أن المفهوم السائد للخلاص لدي العديد من المؤمنين لا يتعدي غفران الخطايا ثم الذهاب إلى السماء؛ إلا أن الخلاص بمفهومه الكتابي يشتمل على أكثر من ذلك بكثير.

أن الخلاص كلمة كتابية تعبر عن تدبير الله الكامل والشامل للإنسان. وتستخدم في العهد الجديد لتصف كل الفوائد والبركات التي وهبها الله لنا من خلال يسوع المسيح. وتتضمن غفران الخطايا، وهبة الحياة الأبدية، والشفاء الجسدي، والقوة لكي نحيا حياة مختلفة ـ في الحقيقة تتضمن الكلمة كل مدد وعون لخوض غمار هذه الحياة مع التأكيد على أنّ لنا حياةً

أبديةً سنحياها في حضرة الله القدير، بعد خروجنا من هذا العالم.

أهمية الثقة في خلاص الله

يقدم (مزمور ٧٨: ١٢-٥٤) وصفاً لتعاملات الرب مع إسرائيل في إخراجهم من أرض مصر ثم قيادته لهم عبر البرية. ويخبرنا أيضا لماذا غضب الله من شعبه. ويمكننا أن نقول بلغة بسيطة ودارجة: إن الله قد غضب منهم بسبب نظرتهم الضيقة له ولخلاصه. وبالمثل، أعتقد أننا أحيانا؟ نحزن قلب الله بفهمنا الضئيل للخلاص الذي منحه لنا.

إذا حلّلتَ الآيات، تجد أن كلمة «الخلاص» كلمة شاملة تتضمن كل بركة وتسديد للاحتياجات وإمدادٍ وعونٍ منحه الله لهم، منذ اللحظة التي ذبحوا فيها حمل الفصح مروراً بإنقاذهم من مصر حتى دخولهم

إلى ميراثهم. وتتضمن الكلمة أيضاً الحماية من حكم دينونة الله من خلال دم الحمل، ثم عبورهم المعجزي للبحر الأحمر، وحضور الله معهم من خلال ظهوره في شكل عمود سحاب، وإطعامه لهم كل يوم بالمن النازل من السماء، وتدفق الماء من الصخر، وهكذا.

ولكن على الرغم من كل «الأشياء الرائعة» التي قدمها الله، إلا أن الشعب أخطأوا وعصوا في البرية، وجربوا الله في قلوبهم، وتحدثوا ضده (أعداد ١٧-٢٠). وتخبرنا الآيات ٢١ و٢٢:

«لِذَلِكَ سَمِعَ الرَّبُّ فَغَضِبَ وَاشْتَعَلَتْ نَارٌ فِي يَعْقُوبَ وَسَخَطٌ أَيْضاً صَعِدَ عَلَى إِسْرَائِيلَ لأَنَّهُمْ لَمْ يُؤْمِنُوا بِاللهِ وَلَمْ يَتَّكِلُوا عَلَى خَلاَصِهِ»

هل فكرت مرةً في كمية الغذاء اللازمة لإطعام حوالي ثلاثة ملايين شخص كل يوم؟ لقد رأيت صورة منذ عدة سنوات لقطار الشحن الذي يمكن أن نحتاج إليه لحمل

ماء وطعام لثلاثة ملايين شخص ليوم واحد. كان قطاراً طويلاً جدا بالفعل ـ وكان هذا لمدة يوم واحد! لكن الله أطعمهم في البرية لمدة أربعين سنة. كان توفير الطعام والشراب لهم جزءاً من خلاصهم.

تضمَّن هذا أيضا حقيقة أن أحذيتهم لم تبلَ وثيابهم لم تتهرأ أبداً. وحين مرضوا، منحهم الله الشفاء. في حر النهار، غطاهم بالسحاب. وفي برد الليل، منحهم دفئاً ونوراً من عمود النار. لخَّصَت كلمة «خلاص» كل ما قدمه الله لهم، والتي تستخدم في عدد٢٢ (في العبرية «يشوه»). ومع ذلك، حزن الله لأنهم لم يفهموا مدى خلاصه.

بعد ذلك، يقول في عدد ٤١ : «**رَجَعُوا وَجَرَّبُوا اللهَ وَعَنُّوا قُدُّوسَ إِسْرَائِيلَ**.»

أعترف أنني في كثير من الأحيان كنت أتبنى مفهوماً ضيقاً تجاه الخلاص مما كان يُعَدَّ تحجيماً لقدرة

الله في حياتي، فكم من مرةٍ كان لدي احتياج وفكرت في نفسي قائلاً:

«هـل يمكنني أن أضـع ثقتي في الله لأجـل هذا الاحتياج؟» اعتقد أن معظم المؤمنين اليوم يضعون حدودا لما يعتقدون أن الله سيفعله. هذه ليست حدوداً روحية، إنها عملية تحجيم وتضييق لدائرة الخلاص. لابد وأن نعي أن هذا يحزن الرب. وأنه حين وضع الإسرائيليون حدودا لما يعتقدون أن الله يستطيع فعله، أحزنه هذا. لذا، دعونا نصمم في قلوبنا على ألا نضع حدوداً لما يستطيع الله القيام به، بل بالحري نؤمن بأن الخلاص الذي أعده الله لنا خلاصٌ شاملٌ متعدد الوجوه والآفاق، مما يجعل من الصعب الإلمام بجميع أبعاده.

الذبيحة الكاملة ليسوع المسيح

(عبرانيين ١٠: ١٤) تقرر ما تم تحقيقه من خلال موت يسوع المسيح على الصليب:

«**لأَنَّهُ بِقُرْبَانٍ وَاحِدٍ قَدْ أَكْمَلَ إِلَى الأَبَدِ الْمُقَدَّسِينَ**»

كان موته ذبيحة، سبق الله فعينها، لتُقدَّمَ نيابة عن الجنس البشري كله.

حين علَّمتُ الإنجليزية كلغة ثانية للطلاب الأفارقة، كان من المهم جداً أن أعلمهم أهمية صيغ الأفعال الانجليزية. صيغة الفعل هي شكل الفعل الذي يظهر في وقت الحدث. وفي هذه الأية، يُستخدم فعلان لهما أهمية شديدة. يُدْعَى الأول الفعل التام. ويقول: «**لأَنَّهُ بِقُرْبَانٍ وَاحِدٍ قَدْ أَكْمَلَ إِلَى الأَبَدِ...**»

انتهى الكاتب لتوه من وصف كهنة العهد القديم وهم يقفون ليخدموا بشكل يومي، مقدمين مرة تلو الأخرى نفس الذبائح، التي لم تستطع أبدا محو الخطية. لكن، حين تحدث عن يسوع، قال: «**وَأَمَّا هَذَا فَبَعْدَمَا قَدَّمَ عَنِ الْخَطَايَا ذَبِيحَةً وَاحِدَةً، جَلَسَ إِلَى الأَبَدِ عَنْ يَمِينِ اللهِ**» (عدد١٢). موضحاً بذلك

الاختلاف بين الكهنة الذي يقفون باستمرار، ويسوع الذي قدم نفسه كذبيحة مرة واحدة وجلس. لماذا جلس؟ لأنه لن يحتاج أبداً لتقديم ذبيحة أخرى! فقد قام بكل شيء، مرة واحدة وللأبد. لكن، **لم تنته بعد وظيفة كهنة العهد القديم**، لأن ذبائحهم لم تستطع التعامل مع المشكلة الحقيقية للخطية. أما عمل يسوع فكامل. ولا نحتاج لأن نضيف إليه شيئاً أبدا، كما لا يمكن أن يُحذف منه شيء أبداً. إنه أبدي ولهذا استخدم الفعل التام.

عند التحدث عن الذين يخصصون عمل يسوع لأنفسهم، فالكاتب يدعونا: «الْمُقَدَّسِينَ» (عدد ١٤). وهذا ما ندعوه فعلاً مضارعاً مستمراً. كان عمل يسوع كاملاً، لكن تخصيصنا له عملية مستمرة. **ففيما تحدث عملية تقديسنا.** أثناء ازديادنا في **تخصيص أنفسنا** لله والاقتراب أكثر من الله واقتناصنا المزيد من وعود الله وتدبيره ـ ندخل أكثر وأكثر لتدبير الله

الكامل للذبيحة الواحدة يسوع المسيح.

كنت متخصصاً في الفلسفة قبل أن أكون مبشراً، ولاحظت أن الكتاب المقدس هو الكتاب الوحيد الذي يشخص بدقة سبب مشاكل البشر. ويذكر السبب في كلمة واحدة: الخطية. لا يشخص أي كتاب أخر طبيعة وتأثيرات الخطية أو يطلعنا على علاجها سوى الكتاب المقدس. وإذا كان علينا أن نتعامل مع المشكلة بحكمتنا أو قوتنا الخاصة فسنفشل.

الذبيحة هي علاج الخطية. وهذه هي رسالة الكتاب المقدس كله، من بدايته وحتى نهايته. حيثما وجدت الخطية، فلابد من وجود ذبيحة. كانت كل ذبائح العهد القديم رموزاً (ظلالاً أو أمثلة) للذبيحة الواحدة، المجيدة، النهائية، الكاملة في كفايتها، تلك التي قدمها يسوع بسفك دمه نيابة عنا على الصليب.

وقبل موته، صاح يسوع صيحة النصرة قائلاً:

قد أكمل! وفي اللغة اليونانية التي كُتب بها العهد الجديد هي كلمة واحدة هي «tetelestai» «تيتلستيا» ـ الصيغة التامة للفعل والتي تعني «القيام بشيءٍ ما بشكل مثالي وكامل». وتفسيري الشخصي هو أن ذبيحة يسوع كانت تامة ومثالية في كمالها. لكن على الجانب الأخر، فإن تمتعنا بفوائد الذبيحة يتم بشكل تدريجي وتصاعدي.

الولادة الجديدة والخلاص

يجب أن نفرق بين الولادة الجديدة والخلاص. دعونا نلقى نظرة على إنجيل (يوحنا ١: ١١ـ١٣) الذي يتحدث عن الولادة الجديدة.

«إِلَى خَاصَّتِهِ (شعب يسوع) جَاءَ وَخَاصَّتُهُ (أهله ومكانه) لَمْ تَقْبَلْهُ...»

نشكر الله على «أمـا» التالية. والتي لم يكن هذا

آخر ذكر لها في الكتاب المقدس، لكنها ذُكرت كثيراً وبشكل رائع في الكتاب المقدس ـ انظر (رومية٦ : ٢٣) على سبيل المثال ونستكمل كلامنا من إنجيل يوحنا :

«وَأَمَّا كُلُّ الَّذِينَ قَبِلُوهُ فَأَعْطَاهُمْ سُلْطَاناً أَنْ يَصِيرُوا أَوْلاَدَ اللَّهِ أَيِ الْمُؤْمِنُونَ بِاسْمِهِ. اَلَّذِينَ وُلِدُوا لَيْسَ مِنْ دَمٍ وَلاَ مِنْ مَشِيئَةِ جَسَدٍ وَلاَ مِنْ مَشِيئَةِ رَجُلٍ بَلْ مِنَ اللَّهِ».

الولادة الجديدة هى أن نولد من الله. في اجتماعات الشوارع، وبالتحديد في مدينة لندن، كان لي امتياز قيادة المئات إلى الولادة الجديدة. قلت لهم :«إذا أردتم أن تولدوا ثانية، عليكم القيام بشيء واحد هو «أن تقبلوه!» فهذا هو المفتاح للولادة الجديدة ـ قبول يسوع.ويخبرنا الكتاب المقدس بأن «الكثيرين قد قبلوه...». يجب أن تفتح قلبك بشكل شخصي وترحب بالرب فيه. ويقول الكتاب المقدس أيضا :

«هَئَنَذَا وَاقِفٌ عَلَى الْبَابِ وَأَقْرَعُ. إِنْ سَمِعَ أَحَدٌ صَوْتِي وَفَتَحَ الْبَابَ، أَدْخُلُ إِلَيْهِ». (رؤيا ٣: ٢٠). يا لها من بركة أن تؤكد للناس أنهم إذا دعوا يسوع للدخول، فإنه سيتمم وعده، وبالتالي يدخل إلى قلوبهم.

إن الولادة الجديدة اختبار نمر به مرة واحدة في العمر. ولا يحتاج الشخص أبداً لأن يولد ثانية مرتين. لكن الكثير منها كامن بشكل ما، إننا نحصل على سلطان أبناء الله حين نولد ثانية لكن هذه السلطة، تصبح بلا فائدة إن لم نستخدمها. فما نحصل عليه يعتمد على مدى استخدامنا لهذه السلطة الممنوحة لنا.

حين خدمت في أفريقيا، لاحظت أن شعار بعض الأفارقة هو: «لا بأس من طلبها». فحين تمنح إفريقياً زوجاً من الأحذية، فمن المحتمل أن يقول لك: «شكرا، لكن أين الجوارب؟». وإذا علم بوجود شيء يمكنه

الحصول عليه من خلال الطلب، فإنه عادة يأتي ليطلبه. لذا، لم يكن صعباً أن يتقدم الناس للأمام في صحراء إفريقيا تلبية للدعوة. بل على العكس، كان من الصعب إيقافهم! وجاهدت كثيراً لتعليم تلاميذي أنهم ما إن طلبوا يسوع في قلوبهم حتى أتى ودخل إليها بالفعل، لذا فلا حاجة لهم إلى تكرار الطلب مرة أخرى! كانت النصرة الفعلية تظهر حين لا يتقدمون للأمام مرة أخرى ـ لأنهم حينها يكونون قد استوعبوا حقيقة أنهم قد قبلوه.

لكن الخلاص عملية مستمرة وذلك على عكس الولادة الثانية. إنها ليست اختباراً يحدث مرة واحدة وينتهي. ربما تولد ثانية، لكن فيما يتعلق بالخلاص، فإلى أين وصلت؟ ويشار للخلاص في عدة **أزمنة للفعل**: زمن الفعل التام، وزمن الماضي البسيط، وزمن المضارع.

(أفسس٢ : ٨) تقول : «**لأَنَّكُمْ بِالنِّعْمَةِ مُخَلَّصُونَ، بِالإِيمَانِ،...**» **وهذا فعل تام. يترجم قول بولس حرفيا :** «**تم خلاصكم بالنعمة**». أنه كامل وتام.

(تيطس٣ : ٥) يقول : «**لاَ بِأَعْمَالٍ فِي بِرٍّ عَمِلْنَاهَا نَحْنُ، بَلْ بِمُقْتَضَى رَحْمَتِهِ -خَلَّصَنَا (الله).**» وهذا فعل ماضٍ بسيط. بالنسبة لي، توجد لحظة معينة في الزمن خلصني فيها الله: كانت حوالي منتصف ليل يوم جمعة في أواخر يوليو١٩٤١م. وتوجد لحظة معينة في حياة كل منا ندخل فيها شخصياً إلى تدبير الله.

في (١كورنثوس١ : ١٨)، نجد الفعل المضارع المستمر : «**فَإِنَّ كَلِمَةَ الصَّلِيبِ عِنْدَ الْهَالِكِينَ جَهَالَةٌ وَأَمَّا عِنْدَنَا نَحْنُ الْمُخَلَّصِينَ فَهِيَ قُوَّةُ اللهِ**». وهذا الفعل المضارع المستمر يعني: نحن الذين يتم خلاصنا باستمرار.

إجمالاً، نحن نمر باختبار واحد يمكننا القول

فيه: «الله خلصني» ومن خلال هذا الاختبار، يمكننا الدخول إلى خلاص كامل بالفعل: نحن ـ تم خلاصنا. لكن في نفس الوقت، يستمر عمل الخلاص فينا: ويتم خلاصنا باستمرار. يعتبر فلك نوح توضيح حي لذلك.

يوجد فلكان أساسيان في العهد القديم: **فلك نوح الكبير وفلك موسى الصغير**. كلاهما صورة للمسيح يسوع، يتحدث الفلك الكبير عن كوني في المسيح، والفلك الصغير عن المسيح فيَّ. وبذا يتحدث كلاهما عن المسيح.

نرى حين نركز على فلك نوح أن الخلاص أتى من خلال الدخول لهذا الفلك. ففي لحظة معينة، دخل نوح وعائلته إلى الفلك وتم خلاصهم. كان الفلك معداً وكاملاً بالفعل. وكان بناؤه قد تم بدقة حسب تعليمات الله. ولم يكن في احتياج للإصلاح أبدا: لم

يكن أبدا في احتياج للتعديل أو التحسين أو التطوير أو الإلغاء. لقد عمل بشكل مثالي! وأشكر الله على هذا، لأن التكلفة كانت ستصبح باهظة لو كان الأمر عكس ذلك! فعند دخولهم الفلك، دخلوا لخلاص الله الكامل. لكن كل الوقت الذي كانوا فيه في الفلك، كان الفلك باستمرار يخلصهم(ينقذهم) من المياه التي كانت تتلاطم حولهم.

٢

استخدام العهد الجديد لكلمة «الخلاص»

أود أن ألفت انتباهك لشيء لا يظهر في أيٍّ من ترجمات الكتاب المقدس التي أعرفها.

في العهد الجديد، توجد كلمة واحدة يونانية لكلمة «يخلص». وتوضع في الحروف الانجليزية «SOZO». وتترجم هذه الكلمة اليونانية «SOZO» في كثير من الأحيان إلى «خلَّص» أو «يخلِّص»، لكن توجد آيات أخرى تترجم فيها إلى «شفي» أو «عافاه» أو «جعله صحيحاً»، أو «حفظه»، وهكذا. وهذه الترجمات تحجب حقيقة أن الخلاص يشار إليه بذلك الفعل.

للإيضاح، سأعطي سبعة أمثلة من العهد الجديد لاستخدام هذه الكلمة «sozo»، التي إن لم نكن على دراية باللغة اليونانية فسيتعذر علينا اكتشاف أن الكلمة المستخدمة هي «sozo» ـ أي الخلاص.

(متى ١٤: ٣٦):

«فَعَرَفَهُ (يسوع) رِجَالُ ذَلِكَ الْمَكَانِ. فَأَرْسَلُوا إِلَى جَمِيعِ تِلْكَ الْكُورَةِ الْمُحِيطَةِ وَأَحْضَرُوا إِلَيْهِ جَمِيعَ الْمَرْضَى وَطَلَبُوا إِلَيْهِ أَنْ يَلْمِسُوا هُدْبَ ثَوْبِهِ فَقَطْ. فَجَمِيعُ الَّذِينَ لَمَسُوهُ نَالُوا الشِّفَاءَ..» (الأعداد ٣٥-٣٦)

تخبرنا اللغة اليونانية، أن الناس قد خلصوا تماماً أو شفوا بالكامل. إنها الكلمة اليونانية «sozo»، مع وجود حرف الجر «dia» أمامها، الذي يعني «من خلال» ـ متضمناً تماماً. أي تم شفاء كل شخص بطريقة معجزية أو خلص تماماً. وبمعنى آخر، فإن الشفاء لم يكن إضافة للخلاص، لكنه كان جزءاً من

الخلاص. إنه خلاص يطبق على الجسد المادي.

(لوقا ٨: ٣٦)

يقدم لنا (لوقا ٨: ٢٦- ٣٩) تقريراً عمّن يدعى بمجنون كورة الجدريين، رجل **تسيطر عليه الشياطين تماماً**. لم يكن يرتدي أي ملابس و كان يعيش في القبور ممزقاً جسده، وصارخاً ليل نهار. وحين أتى يسوع، فعل الرجل شيئاً واحداً ولكنه ذو مغزىً كبير: «فَلَمَّا رَأَى يَسُوعَ مِنْ بَعِيدٍ رَكَضَ وَسَجَدَ لَهُ» (مرقس٥: ٦). عرفت من خلال تجربتي في مساعدة الناس على التحرر من الأرواح الشريرة، أنه **لابد من وجود رغبة في داخلهم** وللخضوع للحرية وإلا لن يكونوا مؤهلين للتحرر من الأرواح الشريرة. وقد فعل هذا الرجل كل ما يستطيع فعله، وبعد هذا **تولت الأرواح الشريرة** زمام الأمر. لكنه أتى ليسوع، ورأى يسوع وجود رغبة في قلبه ليسوع. سأل يسوع عن اسمه، فأجاب الشيطان قائلاً: لجئون، لأن عدداً كبيراً من الشياطين كانت

تسكنه. ثم توسلت الأرواح الشريرة ليسوع لكي لا يرسلهم إلى الهاوية! وطلبوا منه الدخول في قطيع قريب للخنازير بدلاً من الذهاب للهاوية. ويسوع سمح لهم بهذا.

توجد العديد من التأملات حول سبب قيام يسوع بهذا. ورأيي الخاص أن الرجل كان سيتعذب لو لم تخرج الشياطين منه طواعية. لذا منحهم يسوع اختياراً كانوا مستعدين لقبوله: أن يذهبوا ويدخلوا في قطيع الخنازير. فَانْدَفَعَ الْقَطِيعُ على الفور وقفز مِنْ عَلَى الْجُرْفِ إِلَى الْبُحَيْرَةِ وَغرقَ.

إنه أمر بلا قيمة أن يكون هناك رجل لديه كل تلك القوة الشيطانية ويجعلها تحت سيطرته، في الوقت الذي تستطيع فيه نفس هذه الشياطين تدمير قطيع من ألفي خنزير. وهذا يعطينا فكرة عن قوة الشخصية الإنسانية. كثيرا ما أتعجب جدا حين أسمع قصة

أحدهم في موضوع التحرير،

وأتعجب كيف أن بعض الناس استطاعوا التعايش مع ما يجب عليهم محاربته في داخلهم.

ذهب رعاة الخنازير وأخبروا سكان المدينة بكل ما حدث:

«فَخَرَجُوا لِيَرَوْا مَا جَرَى. وَجَاءُوا إِلَى يَسُوعَ فَوَجَدُوا الإِنْسَانَ الَّذِي كَانَتِ الشَّيَاطِينُ قَدْ خَرَجَتْ مِنْهُ لاَبِساً وَعَاقِلاً جَالِساً عِنْدَ قَدَمَيْ يَسُوعَ فَخَافُوا. فَأَخْبَرَهُمْ أَيْضاً الَّذِينَ رَأَوْا كَيْفَ خَلَصَ الْمَجْنُونُ».

والكلمة المستخدمة هنا ثانية هي «sozo». وهكذا، لم يكن التحرر من الشياطين إضافة للخلاص. لكنه كان جزءاً من الخلاص.

(لوقا ٨: ٤٨)

عبر يسوع إلى الضفة الأخرى لبحر الجليل

وأحاطت به الجموع، عندئذٍ أتت سيدة مصابة بنزف دم مزمن ولمسته. علم يسوع أن شخصاً ما قد لمسه وسأل: «من لمسني؟» كانت المرأة خائفة من الإقرار بهذا لأنه بحسب ناموس موسى، كانت المرأة التي تنزف دماً غير طاهرة شرعاً وغير مسموح لها بلمس أي شخص. لكنها كانت محبطة للغاية لدرجة أنها أقدمت على أمرٍ ضد الناموس. وحين أدركت أن يسوع علم بما حدث، أتت إليه مرتعبة، وخرت على وجهها أمامه، واعترفت بما فعلت. وفي عدد ٤٨ قال لها يسوع: «**ثِقِي يَا ابْنَةُ. إِيمَانُكِ قَدْ شَفَاكِ. اِذْهَبِي بِسَلاَمٍ**». وهكذا، كان التحرر من نزيف مزمن جزءاً من الخلاص أيضاً.

(لوقا ٨: ٥٠)

كان يسوع في طريقه ليصلي لأجل ابنة يايرس، التي كانت على وشك الموت. وأخّرته المرأة النازفة الدم وماتت ابنة يايرس. فأرسل بعض من يتسمون

بحسن النية والسلبية في ذات الوقت، رسالة ليايرس تقول : «قَدْ مَاتَتِ ابْنَتُكَ. لاَ تُتْعِبِ الْمُعَلِّمَ».

«فَسَمِعَ يَسُوعُ وَأَجَابَهُ: «لاَ تَخَفْ. آمِنْ فَقَطْ فَهِيَ تُشْفَى»».

خمن ما هي الكلمة المستخدمة هنا ؟ إنها « تخلص » . ما الذي حدث لها ؟ لقد أعيدت من الموت للحياة. وهذا أيضاً جزء من الخلاص.

(أعمال الرسل ٤ : ٩-١٢)

بعد أن شفى بطرس ويوحنا بطريقة معجزية ذلك الرجل الأعرج الذي كان يستعطي في الهيكل عند باب الجميل، أجرى القادة الدينيون حينها تحقيقاً واسعاً. (لا اعلم إن كنت قد لاحظت أم لا، أنه حين كان يسوع يشفي الشعب - وهو ما كان يفعله دائماً يوم السبت - لم يهتم القادة الدينيون أبداً بمن شفاهم يسوع. لكن كل ما كان يهمهم هو عدم كسر شريعة

السبت، التي اتهموه بعدم الحفاظ عليها. وهذا إلى حدٍّ ما هو المعتاد بالنسبة للأشخاص المتدينين. **فعادة ما ينغمسون في القشور ويتغاضون عن أمور الله المهمة بحق.**) وحينما استدعى أعضاء مجلس السنهدريم بطرس ويوحنا للمثول أمامهم، أجابهم بطرس قائلاً:

«إِنْ كُنَّا نُفْحَصُ الْيَوْمَ عَنْ إِحْسَانٍ إِلَى إِنْسَانٍ سَقِيمٍ بِمَاذَا شُفِيَ هَذَا...».

الكلمة المستخدمة مرة أخرى هي «sozo». وهكذا، استعادة القوة والحياة لجسد رجل أعرج تدعى أيضاً خلاصاً. واستمر بطرس في القول أن الشفاء تم باسم يسوع الناصري (العدد ١٠). ثم قال: «لأَنْ لَيْسَ اسْمٌ آخَرُ تَحْتَ السَّمَاءِ قَدْ أُعْطِيَ بَيْنَ النَّاسِ بِهِ يَنْبَغِي أَنْ نَخْلُصَ» (العدد ١٢).

«Sozo» مرة أخرى. شفاء هذا الرجل كان

خلاصاً.

(أعمال الرسل ١٤ : ٩)

«وَكَانَ يَجْلِسُ فِي لِسْتَرَةَ رَجُلٌ عَاجِزُ الرِّجْلَيْنِ مُقْعَدٌ مِنْ بَطْنِ أُمِّهِ وَلَمْ يَمْشِ قَطُّ. هَذَا كَانَ يَسْمَعُ بُولُسَ يَتَكَلَّمُ فَشَخَصَ إِلَيْهِ وَإِذْ رَأَى أَنَّ لَهُ إِيمَاناً لِيُشْفَى قَالَ بِصَوْتٍ عَظِيمٍ: «قُمْ عَلَى رِجْلَيْكَ مُنْتَصِباً». فَوَثَبَ وَصَارَ يَمْشِي.» (الأعداد ٨-١٠).

رأى بولس أن للرجل إيماناً بالشفاء أي له إيمان بالخلاص.

(٢ تيموثاوس ٤ : ١٨)

هذا استخدام آخر مختلف تماماً للكلمة. بولس على مشارف نهاية حياته، يقبع في السجن، ويواجه احتمال إعدامه، ويقول:

«وَسَيُنْقِذُنِي الرَّبُّ مِنْ كُلِّ عَمَلٍ رَدِيءٍ وَيُخَلِّصُنِي لِمَلَكُوتِهِ السَّمَاوِيِّ. الَّذِي لَهُ الْمَجْدُ إِلَى دَهْرِ الدُّهُورِ.

آمِينَ.»

الكلمة المستخدمة هنا هى «Sozo» مرة أخرى ـ يخلص. **إن الخلاص ينطوي على حفظ الله لنا سالمين لملكوته الأبدي.**

تقدم لنا هذه الأمثلة مناسبات استخدمت فيها الكلمة اليونانية للخلاص لتشير إلى أشياء أخرى بجانب غفران الخطايا. تؤكد هذه الأمثلة أن الخلاص هو الحصيلة الشاملة لكل الفوائد الناتجة عن ذبيحة يسوع على الصليب. ويعالج كل جانب من جوانب الشخصية البشرية ويغطي كل احتياجات الحياة الإنسانية في الزمن الحاضر أو الأبدية. سواء كان هذا الاحتياج روحياً، أو ذهنياً، أو عاطفياً، أو مالياً، أو مادياً، إنه مغطىً بذبيحة يسوع الواحدة.

أمضيت سنوات أتأمل في عمل يسوع على الصليب ـ فعندما كنت مريضا في إحدى المستشفيات العسكرية

البريطانية بمصر عام ١٩٤٣م، أرسل الله لي أختاً عزيزة، سيدة قائدة لواء في جيش الخلاص، تبلغ من العمر حوالي ٧٦ عاماً، ومحاربة حقيقية في الرب. وحصلت لي على تصريح للخروج والصلاة معها في سيارة. وتحدث لي الله من خلال أختٍ أخرى في السيارة، قالت:

«فكر في عمل الصليب: إنه عملٌ كاملٌ من كل الوجوه، وكامل من كل الجوانب. وحين خرجت من السيارة كنت مريضا مثلما كنت حين دخلتها. لكن الله أراني أين أجد الإجابة. إنها في عمل الصليب كان عملاً كاملاً من كل وجه. فليس مهماً نوع الاحتياج الذي نواجهه، فذبيحة يسوع كاملة من كل الوجوه. من أي زاوية نراها، كانت كاملة.

منذ ذلك الوقت (ولما يقرب من ستين عاماً) ظللت أتأمل في عمل الصليب، ولم أصل أبداً لنهايته. وعلى مر السنين، اكتشفت طريقتين لفهم وتوصيل

الصليب. توجد كلمتان مفتاحيتان أؤمن أن الله منحهما لي لشرح ما تم تحقيقه من خلال موت يسوع. الأولى هي المبادلة، والثانية الاتحاد.

٣
الصليب: المبادلة

إن أول طريقة يمكننا بها أن نرى الصليب ونفهمه هي فكرة المبادلة. فعلى الصليب، تمت مبادلة إلهية قد سبق التخطيط لها بهذا المعنى: وضع الله على يسوع كل الشرور المقررة علينا قانونياً، حتى يتيح لنا في المقابل الحصول على كل الخيرات المقررة ليسوع كابن الله الكامل المطيع والخالص من الخطية. **وسأعرض ثمانية جوانب لهذه المبادلة لكي نتعرف على طبيعتها.**

يعتبر الإصحاح ٥٣ في سفر أشعياء إصحاحاً أساسياً في هذا السياق.

عوقب يسوع حتى نحصل نحن على الغفران

«**كُلُّنَا كَغَنَمٍ ضَلَلْنَا. مِلْنَا كُلُّ وَاحِدٍ إِلَى طَرِيقِهِ وَالرَّبُّ وَضَعَ عَلَيْهِ (أو جعل الكل يلقى معا على يسوع) إِثْمَ جَمِيعِنَا**» (أشعياء ٥٣ : ٦)

«**مِلْنَا كُلُّ وَاحِدٍ إِلَى طَرِيقِهِ**». هذه هي مشكلة الجنس البشري، الذنب الواحد الذي نشترك جميعاً في ارتكابه. ربما لم نسطُ على بنك، ولم نرتكب خطية الزنا، ولم نسكر بالخمور، لكن يوجد شيء واحد اشتركنا جميعا في فعله - ملنا كل واحد إلى طريقه. والله يقول إن طرقنا ليست طرقه (أشعياء٥٥ : ٨).

إن المُضِيِّ في طريقنا معناه أن نعطي لله ظهورنا، وهذا يسمى «إثماً». إنها كلمة قوية في اللغة العبرية، «avon» أفون، إذ لا تعني مجرد فعل الخطأ وحسب، بل تشتمل أيضاً على العقوبة والدينونة التي تتبع ارتكاب ذلك الخطأ. إن الإعلان الذي يقدمه لنا إشعياء

هو أن الله افتقد في يسوع خطايانا جميعاً. وهكذا، حلت على يسوع فوق الصليب كل العواقب الوخيمة لشرورنا. لقد حمل الشر ـ كل الدينونة والعقاب ـ حتى يستطيع الله، عن طريق **المبادلة الإلهية**، أن يجعل كل الخيرات التي يستحقها يسوع متاحة لنا. ولا يوجد سبب لهذا سوى نعمة الله. الله غير مدين لنا بشيء. لكننا نلنا هذا بسبب نعمته التي لا تستقصى ومحبته التي يستحيل فهمها واستيعابها.

النعمة هي الشيء الوحيد الذي لا تستطيع أبداً شراءه أو اكتسابه بالمجهود. بعض المسيحيين لا يعرفون بحق ما هي النعمة، لأنهم دائماً يحاولون كسبها. لكننا لا نستطيع أبداً شراء ما قد أتاحه لنا يسوع من خلال الصليب. وإذا حاولنا أن نكون صالحين بما يكفي للحصول عليه فإننا لن نحصل عليه أبدا. إنه متاح فقط بالنعمة. ونقبله بالإيمان فقط. «**لأَنَّكُمْ بِالنِّعْمَةِ مُخَلَّصُونَ، بِالإِيمَانِ**»

(أفسس ٢ : ٨).

حين أقضي وقتاً متأملاً فيما فعله يسوع نيابة عني، لا يستطيع عقلي أبدا فهمه واستيعابه تماما، لقد نزل من السماء، وأخذ مكاننا ـ حتى مكاني ـ وتحمل كل المعاناة التي لا يعبر عنها والتي كان يجب أن أتحملها أنا. كان هذا بالنعمة.

جُرح يسوع لكي نشفى

«لَكِنَّ أَحْزَانَنَا (أو أمراضنا، وآلامنا) حَمَلَهَا وَأَوْجَاعَنَا تَحَمَّلَهَا. وَنَحْنُ حَسِبْنَاهُ مُصَاباً مَضْرُوباً مِنَ اللَّهِ وَمَذْلُولاً.وَهُوَ مَجْرُوحٌ لأَجْلِ مَعَاصِينَا مَسْحُوقٌ لأَجْلِ آثَامِنَا. تَأْدِيبُ(أو عقاب) سَلاَمِنَا عَلَيْهِ وَبِحُبُرِهِ (أو جروحه) شُفِينَا.» (إشعياء٥٣ : ٤-٥)

أولاً: عوقب يسوع حتى نحصل على الغفران. وبما أنه حمل عقابنا فقد تحققت بهذا عدالة الله

وأصبح لنا سلام مع الله. «**فَإِذْ قَدْ تَبَرَّرْنَا بِالإِيمَانِ لَنَا سَلاَمٌ مَعَ اللهِ بِرَبِّنَا يَسُوعَ الْمَسِيحِ**» (رومية٥ : ١).

ثانياً: حمل يسوع أمراضنا وآلامنا، وعن طريق الجروح التي أصابت جسده، جلب الشفاء الجسدي لنا. (الكلمة المترجمة «أحزاننا» هي كلمة «أمراضنا»)

هل تؤمن بهذا؟ إن كنت تؤمن، عليك إذاً أن تقول شيئاً واحداً لله هو: «أشكرك». الشكر هو أصدق تعبير عن الإيمان. (أؤمن بأننا في كثير من الأوقات نفشل ونخفق لأننا لا نقدم الشكر.)

يسوع جُعل خطية بإثمنا حتى نصبح نحن أبراراً ببره

«**أَمَّا الرَّبُّ فَسُرَّ بِأَنْ يَسْحَقَهُ بِالْحُزْنِ. إِنْ جَعَلَ نَفْسَهُ ذَبِيحَةَ إِثْمٍ يَرَى نَسْلاً تَطُولُ أَيَّامُهُ وَمَسَرَّةُ الرَّبِّ بِيَدِهِ تَنْجَحُ.**» (أشعياء٥٣ : ١٠)

على الصليب، قُدم يسوع كذبيحة إثم نيابة عن العالم. وحسب شريعة العهد القديم، حين كان يقدم حيوان كذبيحة إثم، كان الشخص الذي يقدم الحيوان يعترف بخطاياه للكاهن ويضع الكاهن يديه على رأس الحيوان. وبهذا تتحول خطايا الشخص رمزيا للحيوان، ثم يدفع الحيوان عقوبة الخطية التي ارتكبها الشخص. وكان العقاب هو الموت. لذا، كان الحيوان يُقتل كبديل عن الشخص.

يقول كاتب العبرانيين: «**لأَنَّهُ لاَ يُمْكِنُ أَنَّ دَمَ ثِيرَانٍ وَتُيُوسٍ يَرْفَعُ خَطَايَا.**» (عبرانيين١٠ : ٤). كانت الذبائح تصور فقط ما سيحدث من خلال الصليب. فحين مات يسوع على الصليب،جُعل ذبيحة إثم نيابة عن الجنس البشري.

لا توجد طريقة تستطيع معها عقولنا استيعاب معنى أن يتحمل الرب يسوع بكل قداسته وطهره

خطية البشر. وأن يعاقب نيابة عنا. أنا لست شخصاً متزمتاً، لكن حين أفكر في الخطايا التي يرتكبها مجتمعنا اليوم ـ الاعتداءات الجنسية الرهيبة والشذوذ ـ ارتعد من التفكير فيما يعنيه **هذا حتى بالنسبة لي،** **أي أن تتوحد نفسي مع تلك الخطايا.** ومع هذا، كل هذا ما هو إلا قطرة من بحر بالنسبة لما حدث ليسوع حين أصبح ذبيحة إثم لأجلنا.

يقول كاتب العبرانيين أيضاً: «لَكِنْ فِيهَا كُلَّ سَنَةٍ ذِكْرُ خَطَايَا.» (عبرانيين ١٠: ٣). لم تطرح ذبائح العهد القديم الخطية بعيداً. لكنها فقط كانت تذكر الناس بأنهم خطاة. وأن خطاياهم ستغطى لمدة سنة أخرى. لكن يسوع «قَدَّمَ عَنِ الْخَطَايَا ذَبِيحَةً وَاحِدَةً» (عبرانيين ١٠: ١٢). وتعامل مع الخطية للأبد عن طريق تقديم نفسه ذبيحة واحدة على الصليب. وذبيحته طرحت الخطية بعيدا.

في (٢كورنثوس ٥ : ٢١)، أشار بولس إلى إشعياء أصحاح ٥٣ حين قال: «**لأَنَّهُ (الله) جَعَلَ (يسوع) الَّذِي لَمْ يَعْرِفْ خَطِيَّةً، خَطِيَّةً لأَجْلِنَا، لِنَصِيرَ نَحْنُ بِرَّ اللهِ فِيهِ.**»

هل ترى المبادلة؟ جُعل يسوع خطية لأجلنا، حتى نصير نحن أبراراً. لقد تبررنا ببره، لا برنا الشخصي. إن أفضل ما يمكننا عمله يُعَدُّ غير كافٍ، لأن إشعياء يقول أيضاً: «**كَثَوْبِ عِدَّةٍ كُلُّ أَعْمَالِ بِرِّنَا**» (أشعياء ٦٤ : ٦). ولكن تقول واحدة من الآيات التي أحبها كثيراً:

«**فَرَحاً أَفْرَحُ بِالرَّبِّ. تَبْتَهِجُ نَفْسِي بِإِلَهِي لأَنَّهُ قَدْ أَلْبَسَنِي ثِيَابَ الْخَلاَصِ. كَسَانِي رِدَاءَ الْبِرِّ**»

(أشعياء ٦١ : ١٠)

لم يمنحنا الله ثياب الخلاص فحسب، لكنه لفّنا ببر ابن الله الذي بلا خطية. لا يهم من أي زاوية ينظر إلينا الشيطان، فليس لديه شيء يشتكي به ضدنا.

فقد مُنحنا بر الله في المسيح نفسه.

هل أنت متهلل لأنك مغطىً ببر يسوع؟

ذاق يسوع موتنا حتى نحصل نحن على حياته إكمالاً للمبادلة، تخبرنا (عبرانيين ٢ : ٩):

«لِكَيْ يَذُوقَ (ذاق يسوع) بِنِعْمَةِ اللهِ الْمَوْتَ لأَجْلِ كُلِّ وَاحِدٍ.»

لقد ذاق الموت نيابة عن كل إنسان. وعلى قدر فهمي، غطى عمل يسوع كل نسل آدم، لكنه لم يغطِ ملائكة. كان يسوع هو آدم الأخير (١كورنثوس ١٥ : ٤٥). لن نستطيع أبدا استيعاب سبب اهتمام الله الشديد بآدم ونسله.

بدأ الله الجنس البشري بطريقة غير عادية. **فقد خلق الله آدم بطريقة مختلفة تماماً عن كل المخلوقات الأخرى.** الكتاب المقدس يقول: « **بِكَلِمَةِ الرَّبِّ صُنِعَتِ**

السَّمَاوَاتُ وَبِنَسَمَةِ فَمِهِ كُلُّ جُنُودِهَا» (مزمور ٣٣ : ٦). لكن عندما تعلق الأمر بخلق الله لآدم فقد خلقه من الطين. ثم إن هذا الله الابن - الأقنوم الثاني لله، كلمة الله الذي منه خُلقت كل الأشياء (يوحنا ١ : ٣). تنازل ونفخ في أنف الطين نسمة الحياة (تكوين ٢ : ٧). الكلمة العبرية المترجمة «نفخ» كلمة قوية، وهي «naphach» «نفخ». وصوت «النفخة» يشبه دوي المتفجرات. فالله «فجر» نفساً داخل آدم! لقد نقل الله حياته لآدم. فكّر في النتائج المادية: جسد من الطين يصبح إنساناً حياً له عيون وآذان وأعضاء داخلية تعمل! إن روح الله فعل هذا.

إن الإيمان بالشفاء الإلهي شيء منطقي جداً. إذا أصيبت ساعتك بالعطب، فأنت لا تأخذها لصانع الأحذية ليصلحها بل للساعاتي. وإذا حدث مكروه لجسدك، فمن المنطقي أن تذهب به لصانعه ليصلحه.

وصانع أجسادنا هو الرب ، خصوصاً الروح القدس ، لأنه روح الله هو الذي جعل جسد آدم يحيا .

حين أتى الله **ليفدي الإنسان**. تنازل يسوع المسيح وقَبِلَ موت الصليب . ثم حين قام مرة ثانية وظهر مساء أحد القيامة. أعاد تمثيل خلق الإنسان في الخليقة الجديدة، فيقول الكتاب المقدس أن يسوع نفخ في أو على تلاميذه وقال لهم: » «**اقْبَلُوا الرُّوحَ الْقُدُسَ**» (يوحنا ٢٠ : ٢٢). إن الكلمة في اللغة اليونانية هي ، «emphusao» ، «ايمفاسو» ، وهي نفس الكلمة المستخدمة لنفخ عازف آلة الفلوت الموسيقية في فتحة فم آلته. **لا أستطيع أن أتخيل أن يسوع نفخ فيهم جميعاً**. بل بالحري، أتخيله يذهب لكل واحد منهم منفرداً وينفخ فيه نفخة حياة القيامة. أي حياته الإلهية التي هزمت الخطية والموت ، وهزمت الجحيم والقبر ، وهزمت الشيطان. كانت حياة منتصرة تماماً. كانت حياة أبدية، حياة إلهية ، حياة غير قابلة

للفساد، حياة لا تفنى.

هذه هي الولادة الجديدة. وُلد التلاميذ مرة ثانية بروح الله وانصرفوا عن خلاص العهد القديم ـ الذي لم يكن سوى تمهيد لخلاص العهد الجديد المبني على حقيقة موت المسيح على الصليب، ودفنه، وقيامته من بين الأموات. عليك أن تفعل شيئين لتدخل لخلاص العهد الجديد وهما :اعترف بيسوع كرب، وآمن بأن الله أقامه من بين الأموات (رومية ١٠ : ٩). وكانت تلك المناسبة الواردة في أصحاح (يوحنا ٢٠) هي أول مرة يؤمن فيها التلاميذ. فقد كانت خلاص العهد الجديد! والخلاصة أن يسوع قد ذاق يسوع الموت لأجلنا، حتى نشاركه حياته.

جُعل يسوع لعنة لكي نتمتع بالبركة

تُلقي (غلاطية ٣ : ١٣-١٤) الضوء على أكثر عناصر المبادلة تجاهلاً:

«اَلْمَسِيحُ افْتَدَانَا مِنْ لَعْنَةِ النَّامُوسِ، إِذْ صَارَ لَعْنَةً لِأَجْلِنَا، لِأَنَّهُ مَكْتُوبٌ: «مَلْعُونٌ كُلُّ مَنْ عُلِّقَ عَلَى خَشَبَةٍ». لِتَصِيرَ بَرَكَةُ إِبْرَاهِيمَ لِلْأُمَمِ فِي الْمَسِيحِ يَسُوعَ، لِنَنَالَ بِالإِيمَانِ مَوْعِدَ الرُّوحِ».

ما هي المبادلة؟ ما هو الشيء السيئ؟ اللعنة. ما هو الشيء الجيد؟ البركة! يسوع أصبح لعنة حتى تفيض علينا البركة.

علّمت كثيراً عن هذا الموضوع. إنه يفتح باباً جديداً كاملاً للتحرر والشفاء والسلام. إذا أردت صورة للعنة، فكر في يسوع على الصليب. رفض؟ من الناس، تُرك من الله، في الظلام، في عذاب، مُعلقاً بين الأرض والسماء، مرفوضاً تماماً، وغير مقبول على الإطلاق. هذه كانت اللعنة. لكن، شكراً لله، يسوع جُعل لعنة حتى نستمتع ببركة الله.

تحمل يسوع فقرنا حتى نتمكن من مشاركته غناه

« فَإِنَّكُمْ تَعْرِفُونَ نِعْمَةَ رَبِّنَا يَسُوعَ الْمَسِيحِ، أَنَّهُ مِنْ أَجْلِكُمُ افْتَقَرَ وَهُوَ غَنِيٌّ، لِكَيْ تَسْتَغْنُوا أَنْتُمْ بِفَقْرِهِ »
(٢ كورنثوس ٨ : ٩)

مرة أخرى، لا تحتاج لأن تكون لاهوتياً لترى المبادلة هنا. ما السيئ؟ الفقر. وما الجيد؟ لا أحب استخدام كلمة «غنى»، لإساءة استخدامها من التعاليم الخاطئة. أفضل استخدام كلمة «وفرة»، لأن معنى أن يكون لديك وفرة هو أن يكون لديك ما يكفيك وأكثر لكي تساعد شخصاً آخر. و هذا ما يعنيه الرسول في ٢ كورنثوس ٩ : ٨ بقوله: «تَزْدَادُونَ فِي كُلِّ عَمَلٍ صَالِحٍ»). لقد احتمل يسوع الفقر حتى نستطيع مشاركته في غناه «وفرته».

احتمل يسوع عارنا حتى نتمكن لكي نشاركه مجده

فكر في يسوع معلقاً عارياً على الصليب والناس

يسيرون من حوله ويضحكون عليه. كان هذا عاراً. (عبرانيين ١٢ : ٢) تخبرنا:

«يَسُوعَ... احْتَمَلَ الصَّلِيبَ مُسْتَهِيناً بِالْخِزْيِ...»

هناك كثيرون معذبون اليوم من جراء إحساسهم بالعار. لكن عندي لك خبر سار! يسوع احتمل عارك. لقد احتمل العار نيابة عن جميعنا.

اسمح لي أن أكون صريحاً معك فإن من بين الأسباب الرئيسية وراء الإحساس بالعار هو تعرض كثير من الأطفال للاعتداء الجنسي في سنوات عمرهم الأولى. لكن، حمداً لله، يوجد حل! فقد احتمل يسوع العار حتى نتمكن من مشاركته مجده.

احتمل يسوع رفضنا لكي نُقبَل لدى الآب

على الصليب، رفض الآب يسوع. فقد صرخ يسوع:

«إِلَهِي إِلَهِي لِمَاذَا تَرَكْتَنِي؟» (متى ٢٧ : ٤٦)

ولم تأتِ إجابة. وكانت هذه هي المرة الوحيدة التي يصلي فيها ابن الله ولا يحصل على إجابة. ومات بعدها بقليل بعد كسر قلبه. ويقول عنه (مزمور ٦٩ : ٢٠) «الْعَارُ قَدْ كَسَرَ قَلْبِي» لا أعتقد أن يسوع مات من أثر الصلب. فقد كان يمكنه أن يحيا مدة أطول بكثير. بل بالحري، مات بسبب كسرة قلبه بسبب الرفض. لماذا تحمل مثل هذا الرفض؟ حتى يكون لنا قبول! يستطيع الله الآن قبولنا كأعضاء في عائلته بسبب ما احتمله يسوع على الصليب. لقد قبلنا وأصبحنا بالفعل أبناء الله.

أعتقد أن ٥٠٪ على الأقل من الناس الذين حولنا يصارعون مع مشاعر الرفض، بسبب فشل الآباء، والطلاق، والقسوة العامة للجنس البشري الواحد تجاه الآخر، وغيرها. لكن نستطيع أن نخرج إلى

العالم ونقول: لدينا حل وذلك من خلال موت يسوع على الصليب. فقد احتمل يسوع الرفض نيابة عنا، حتى نحصل نحن على قبوله.

وبالتالي، إن الخلاص الذي دخلنا إليه يغطي كل احتياجاتنا العاطفية. إن كماله تام، وتمامه بلا نقص.

٤
الصليب : تبادل

توقفنا فيما سبق مع كلمة مبادلة، وأود الآن أن نتأمل في كلمة اتحاد. إن إتحادك مع شخص ما يعني أن تجعل نفسك واحداً معه أن تضع نفسك مكان هذا الشخص. ينطوي الصليب على اتحاد مزدوج، له وجهان.

أولاً وقبل كل شيء، يسوع وحد نفسه بك وبي على الصليب كخطاة. وكآدم الأخير، وحد نفسه مع كل بني آدم ودفع جزاء خطايانا. وأصبح بديلاً عنا ومات مكاننا.

لكن، لا يتم الخلاص إلا عندما نتجاوب مع الوجه الثاني للتوحد أي عندما نوحد أنفسنا بيسوع في موته

ودفنه وقيامته من بين الأموات ثم صعوده وجلوسه على العرش. وذلك حين ندخل إلى ما قد أعده لنا.

أتم يسوع الوجه الأول من الاتحاد كاملاً، لكننا **نحصل على الخلاص عندما نتحد مع كل ما حدث معه بداية من موته فصاعداً.**

اتحد يسوع كآدم الأخير

مُنح يسوع لقبين مجيدين في (١ كورنثوس ١٥)، يتم اقتباسهما أحياناً بشكل غير صحيح. يقول بولس:

«هَكَذَا مَكْتُوبٌ أَيْضاً: «صَارَ آدَمُ الإِنْسَانُ الأَوَّلُ نَفْساً حَيَّةً وَآدَمُ الأَخِيرُ رُوحاً مُحْيِياً .... الإِنْسَانُ الأَوَّلُ مِنَ الأَرْضِ تُرَابِيٌّ. الإِنْسَانُ الثَّانِي الرَّبُّ مِنَ السَّمَاءِ». (الأعداد ٤٥ و٤٧)

اللقبان هما «آدَمُ الأَخِيرُ» و«الإِنْسَانُ الثَّانِي». كثيراً ما سمعت الناس يدعون يسوع «آدم الثاني».

لكن هذا ليس لقبه. إنه يدعى «آدَمُ الأَخِيرُ»، ثم دُعي «الإِنْسَانُ الثَّانِي».

على الصليب، يسوع مات كآدم الأخير - ليس أخيراً في الوقت، لكنْ أخير بمعنى أن دينونة جنس بني آدم قد حلت عليه. ثم، حين قام من بين الأموات في اليوم الثالث، قام على أنه الإنسان اثتاني - نوع جديد من البشر. وأصبح رأس «جنس» لم يكن موجوداً من قبل. أصبح رأس الجسد (الكنيسة) وبكراً من الأموات.

اتحاد المؤمنين بيسوع

يقول الرسول بطرس:

«مُبَارَكٌ اللهُ أَبُو رَبِّنَا يَسُوعَ الْمَسِيحِ، الَّذِي حَسَبَ رَحْمَتِهِ الْكَثِيرَةِ وَلَدَنَا ثَانِيَةً لِرَجَاءٍ حَيٍّ، بِقِيَامَةِ يَسُوعَ الْمَسِيحِ مِنَ الأَمْوَاتِ» (١ بطرس ١ : ٣)

حين نوحد أنفسنا بيسوع نصبح مولودين ثانية

من خلال قيامته، مولودين كخليقة جديدة. فبقيامة يسوع، صنع اللّٰه شيئاً جديداً في الأرض.

دعونا الآن نتوقف أمام المعاني المتضمنة في موت يسوع كآدم الأخير. يتناول بولس هذا بإسهاب في (رومية ٦). ويأتي العدد ٦ وسط واحدة من أطول جمل بولس:

«...عَالِمِينَ هذَا: أَنَّ إِنْسَانَنَا الْعَتِيقَ قَدْ صُلِبَ مَعَهُ لِيُبْطَلَ جَسَدُ الْخَطِيَّةِ كَيْ لاَ نَعُودَ نُسْتَعْبَدُ أَيْضاً لِلْخَطِيَّةِ.»

هذا تصريح هام جدا. فحين مات يسوع على الصليب، صُلب فيه إنساننا العتيق (عصياننا القديم، سقوطنا، طبيعتنا الآدمية). إنها حقيقة تاريخية. لابد وأن نفهم بوضوح أن الإنسان العتيق غير قابل للإصلاح. وأن اللّٰه لم يحاول أن يحسنه لم يرسله لكنيسة أو علمه آيات. لكن كان لديه حل واحد فقط

للإنسان العتيق داخلنا. وكان الحل هو الإعدام. لكن، أتت رسالة الرحمة بإتمام حكم الإعدام منذ ألفي عام مضت بموت يسوع على الصليب. صلب إنساننا العتيق (القديم) معه.

يستمر بولس في إخبارنا في عدد١١ بما يجب علينا عمله: «**كَذَلِكَ أَنْتُمْ أَيْضاً احْسِبُوا أَنْفُسَكُمْ أَمْوَاتاً عَنِ الْخَطِيَّةِ وَلَكِنْ أَحْيَاءً لِلَّهِ بِالْمَسِيحِ يَسُوعَ رَبِّنَا**».

ما فعله الله على الصليب حقيقة تاريخية ثابتة. إنها حقيقة سواء عرفناها أم لا، وسواء آمنا بها أم لا. لكن حين نعرفها ونؤمن بها ونطبقها، فإنها تعمل فينا. ومثلما تم إعدام يسوع على الصليب، كذلك تموت طبيعتي القديمة الساقطة العاصية والفاسدة. إن الموت هو طريق للخروج - الطريق الوحيد لخروج - الطبيعة الآدمية الساقطة. وذلك حين نتخذ هذا الطريق من

خلال موت يسوع على الصليب ـ من خلال الاتحاد به. إن الرسول بولس يقول لنا: « **احْسِبُوا أَنْفُسَكُمْ أَمْوَاتاً عَنِ الْخَطِيَّةِ**».

لكن ما معنى أن نموت عن الخطية؟ أشرح هذا دائما عن طريق حادث خيالي يتضمن رجلاً سيئاً بمعايير رجال الدين، كان رجلاً فظيعاً: يشرب الويسكي، ويحلف، ويلعن زوجته وأولاده، ويشاهد كل أنواع البرامج السيئة في التلفزيون. لكن زوجته وأبناؤه كانوا مؤمنين. اعتادوا التسلل مساء كل يوم أحد لحضور خدمة الإنجيل المحلية، حيث كان الرجل دائماً يلعنهم أثناء خروجهم من المنزل.

في إحدى الليالي تسللوا خارجين وقضوا أمسية رائعة في خدمة الإنجيل. وعادوا وهم لا يزالون يرتلون الترانيم، وأثناء دخولهم المنزل، توقعوا وانتظروا مجيء اللعن والسباب. لكن لم تأت اللعنات،

فنظروا. ليجدوا السيجار موضوعاً في المطفأة والدخان يتصاعد منه، لكن لم يكن الرجل يدخن. وكأس الويسكي موجوداً، لكنه لم يكن يشرب منه. أتعلمون ماذا حدث؟ لقد أصيب الرجل بنوبة قلبية ومات. وبالتالي، أصبح ميتا عن الخطية! لم تعد الخطية تفتنه. ولم يعد لها قوة عليه. فقد أصبح ميتاً بالنسبة لها الآن.

حين مات يسوع على الصليب، ماتت طبيعتنا القديمة الفاسدة الخاطئة معه. وبالتالي، لم يعد للخطية قوة علينا، ولم تعد تفتننا، ولم تعد الخطية تثير أي رد فعل فينا ـ حدث هذا من خلال الاتحاد مع يسوع. أقابل أناساً سافروا حول العالم ليهربوا من مشاكلهم، لكن مشكلتهم الحقيقية تذهب معهم أينما ذهبوا، لأنها تكمن في الإنسان العتيق (القديم). لا يمكنك الهروب من إنسانك القديم بالسفر. لكن توجد طريقة واحدة للهروب وهي الموت ـ موت الرب يسوع لكي

يخصنا منه.

الوجه الثاني للاتحاد، إذاً، هو وجوب أن نوحد أنفسنا مع يسوع. وهذا ما نفعله بالإيمان. ونفعله لأن الكتاب المقدس يخبرنا بأنه حقيقي. وتوجد خمس خطوات أساسية في هذا الاتحاد.

متنا معه

أول كل شيء، متنا مع المسيح ـ فعل ماضٍ. إنه حدثٌ تم في لحظة معينة من الزمن. في (كولوسي ٣: ٣) يكتب بولس للمسيحيين المؤمنين قائلاً:

«لأَنَّكُمْ قَدْ مُتُّمْ وَحَيَاتُكُمْ مُسْتَتِرَةٌ مَعَ الْمَسِيحِ فِي اللهِ.»

كانوا لا يزالون أحياء على الأرض، ومع هذا، يقول بولس أنهم ماتوا. فمتى ماتوا؟ لقد ماتوا حين مات يسوع على الصليب.

ثم في (٢تيموثاوس ٢: ١١) يقول بولس:

«صَادِقَةٌ هِيَ الْكَلِمَةُ: أَنَّهُ إِنْ كُنَّا قَدْ مُتْنَا مَعَهُ فَسَنَحْيَا أَيْضاً مَعَهُ.»

إن موت يسوع هو موتنا، لكن يجب على الخاطئ أن يتمم هذا الاتحاد بالإيمان وذلك لكي ينال الخلاص. يجب على جميعنا القول: «نعم، حين مات يسوع على الصليب، مت أنا أيضاً معه. فموته كان موتي. وإنساني العتيق مات فيه حين مات.» ثم نقول: بكوني ميتاً معه، يجب أن أتبعه: من الموت، حتى دفن القبر، ومن دفن القبر للقيامة.»

دُفِنَّا معه

دُفن يسوع بعد أن مات. كيف يمكن أن نتحد مع دفنه؟ عن طريق المعمودية بالماء. لهذا فمعمودية الماء هامة للغاية. إن الاتحاد مع موته أمرٌ داخلي، أما اتحادنا مع دفنه فخارجي. انه اتحاد مرئي مع الرب.

إن المعمودية بالماء، كما شرحها الرسل في العهد

الجديد، فعل علني لإعلان الاتحاد مع الرب يسوع في موته، ودفنه، وقيامته. ولا يوجد ذرة شك في أن كل مؤمن جديد في الكنيسة الأولى ـ كان مطالباً على الفور بإعلان اتحاده علانية بذاك الذي اعترف به كمخلص ورب من خلال المعمودية بالماء. كان الطريق إلى الشركة مع الكنيسة هو طريق المعمودية بالماء. وفي رأيي، هذا أعظم امتياز يمكن أن يُمنح لخاطئ على هذه الأرض: أن يتحد علناً مع الرب.

في الدول التي بها حكومات تعارض المسيحية بشدة، تعتبر المعمودية بالماء نقطة قاطعة حاسمة سواء ضد الشيوعيين، أو اليهود، أو غيرهم. قد تثير غضبهم عندما تقول أنك تؤمن بيسوع. لكن عندما تعتمد، تقوم عليك كل قوى الجحيم، لأن المعمودية هي المكان الذي فيه تهرب من قبضة العدو.

«فَدُفِنَّا مَعَهُ بِالْمَعْمُودِيَّةِ لِلْمَوْتِ حَتَّى كَمَا أُقِيمَ الْمَسِيحُ

مِنَ الأَمْوَاتِ بِمَجْدِ الآبِ هَكَذَا نَسْلُكُ نَحْنُ أَيْضاً فِي جِدَّةِ الْحَيَاةِ.» (رومية ٦: ٤)

ومن هنا، تعتبر كل خدمة معمودية، في الحقيقة، خدمة مضاعفة. حيث يجب أن تكون عملية دفن تتبعها قيامة!

في (كولوسي ٢: ١٢) يقول بولس نفس الشيء:

«مَدْفُونِينَ مَعَهُ فِي الْمَعْمُودِيَّةِ، الَّتِي فِيهَا اقِمْتُمْ ايْضاً مَعَهُ بِإِيمَانِ عَمَلِ اللهِ، الَّذِي اقَامَهُ مِنَ الأَمْوَاتِ.»

فحين ندفن معه في المعمودية عندئذٍ، يصبح لنا الحق في إتباعه في كل ما يلي دفنه.

نحيا ونُقام ونتوج معه

تخبرنا (أفسس ٢: ٤ ـ ٦) بثلاث مراحل أخرى:

«اَللهُ الَّذِي هُوَ غَنِيٌّ فِي الرَّحْمَةِ، مِنْ أَجْلِ مَحَبَّتِهِ

الْكَثِيرَةِ الَّتِي أَحَبَّنَا بِهَا، وَنَحْنُ أَمْوَاتٌ بِالْخَطَايَا أَحْيَانَا مَعَ الْمَسِيحِ ـ بِالنِّعْمَةِ أَنْتُمْ مُخَلَّصُونَ ـ وَأَقَامَنَا مَعَهُ، وَأَجْلَسَنَا مَعَهُ فِي السَّمَاوِيَّاتِ فِي الْمَسِيحِ يَسُوعَ.»

لاحظ أن الكلمة «مع» ذكرت ثلاث مرات. لم يخرج يسوع من القبر ميتاً. لقد عاد للحياة قبل أن يخرج من القبر. وهكذا، تُعاد لنا الحياة مع المسيح. لكن ليس هذا كل شيء. فقد مُنحنا شرف الجلوس معه في السماويات. ما الذي يجلس عليه يسوع اليوم؟ إنه عرش. وبالتالي، نحن أيضا نُمجد معه.

نحن لم نمت فحسب، لكننا دفنا، وأعيدت لنا الحياة، وقمنا، وتُوجنا معا مع المسيح.

كل هذا خارج تماماً عن قدرتنا. لأنه لا يمكننا أن نفعل أي شيء لنحصل عليه. ولا توجد طريقة يمكننا بها أن نكون فيها صالحين بما يكفي لامتلاكه. لكن يمكننا الحصول عليه فقط بالإيمان ـ وبالإيمان وحده.

يشعر كثير من الناس أنه يجب أن يفعلوا شيئاً ما ليحصلوا على الخلاص. وتكون النتيجة أنهم فعلياً لا يحصلون عليه أبدا ولا يستمتعون به. هل لاحظت أنه من السهل على أسوأ خاطئ أن يحصل على الخلاص مقارنةً بمن اعتادوا على الذهاب للكنيسة؟

قصد اللّٰه

بعدما تحدث بولس عن القيامة والجلوس على العرش يكشف لنا في الأصحاح الثاني من رسالة أفسس عن «قصد اللّٰه».

ليظهر بوضوح غنى نعمته

«**لِيُظْهِرَ فِي الدُّهُورِ الآتِيَةِ غِنَى نِعْمَتِهِ الْفَائِقَ بِاللُّطْفِ عَلَيْنَا فِي الْمَسِيحِ يَسُوعَ.**» (أفسس ٢ : ٧)

يا لها من فكرة مذهلة. فمن خلالنا نحن يظهر اللّٰه غنى نعمته ـ للكون كله، ليس فقط في هذه الحياة،

لكن للأبد ! فحينما يرغب الله في إظهار مدى سمو نعمته لأي كائن حي ، سيقول ، حقيقة ، «انظروا لهؤلاء الناس ، أترون مدى قربهم مني ، وعبادتهم لي ؟ إنهم أبنائي ! كانوا خطاة ، عصاة ، مطرودين ، غير نافعين ، بلا فائدة ، أعداءً لي . ومع ذلك ، **قربتهم مني ليقضوا الأبدية معي!»** أتمنى أن تكون مستعداً لهذا . أتمنى أن تدرك أنك للأبد ستكون موضوع إظهار الله لنعمته .

تذكر ان النعمة لا يمكن أن تكتسب . يوجد الكثير من الأشياء في مقاصد الله الأبدية التي لا نفهمها بالكامل. لكني أعتقد ، أنه بشكل ما ، سمح الله بحدوث الخطية حتى يوجد شيء يستطيع إظهار نعمته من خلاله . **هل تفهم ما أقول؟**، أنا لا أقول أن الله وافق على الخطية ، **حين دخلت الخطية لم يقل الله «لقد انتهى كل شيء»**، بل قال : »ها هي فرصتي الحقيقية في إظهار نعمتي للكون كله .» فحتى ذلك الوقت كان قد أظهر عدة أوجه من شخصيته ، لكني لا أعتقد أنه

كان قد أظهر نعمته بالكامل. وبالتالي، نحن فرصته! **فنحن من سيظهر الله من خلالهم للكون كله الطبيعة** الحقيقية للنعمة.

ليجعلنا تحفته الرائعة

يضيف بولس قائلاً:

«**لأَنَّنَا نَحْنُ عَمَلُهُ، مَخْلُوقِينَ فِي الْمَسِيحِ يَسُوعَ لأَعْمَالٍ صَالِحَةٍ، قَدْ سَبَقَ اللهُ فَأَعَدَّهَا لِكَيْ نَسْلُكَ فِيهَا.**»

(أفسس ٢ : ١٠)

نحن لسنا فقط موضوع إظهار الله لنعمته، لكن بولس يقول أيضا «أننا عمله». والكلمة اليونانية هي «poiema» «بويما»، التي منها اشتقت الكلمة الانجليزية «poem» التي تعني «قصيدة»، وهي أيضاً تشير لقطعة فنية رائعة. ومن هنا، نحن قطعة الله الفنية الرائعة، لنظهر للكون كله المدى الكامل لعبقرية

إبداعه! إن هذا مثير، أليس كذلك؟ ولكن هل تعرف إلى أين ذهب الله ليأتي بالمادة التي سيستخدمها في عمل قطعته الفنية؟ لكومة النفاية! وهذا ليثبت فقط ما يستطيع عمله. هل أدركت أن الله يستطيع أن يفعل أي شيء بأي شيء؟. لقد خلق النجوم، والشمس، والبحار، والأشجار، وكل شيء أخر؛ لكن ليظهر نعمته وقدرته الفائقة على الإبداع، قال الله: «سآخذ هذه القطع البشرية المحطمة وسأصوغها لتصبح قطعتي الفنية الرائعة.» مات يسوع ليخلق قطعاً فنية من حياة محطمة لرجال ونساء. يا لها من رسالة! ويا له من إعلان!

يتهمنا الناس بالتطرف إذا قفزنا لأعلى ولأسفل وصفقنا بأيدينا. لكني أجيب بأني كنت منطقياً قبل أن أصبح مسيحياً مؤمناً، ويتوجب على القول أن مثل هذا الحماس هو رد الفعل المنطقي لإعلان الكتاب المقدس عن الخلاص. فأن نجلس فقط ونقول: هذا

حسنٌ! ليس مناسباً ولا واقعياً. فإذا لم تكن متحمسا ومثاراً بالخلاص، فلا أظن أنك اختبرت بالفعل المدى الحقيقي لخلاص الله.

٥

كيف نحصل على ما فعله اللّه

توقفنا عند التدبير الذي جهزه وأعده اللّه. ورأينا أنه كامل تماماً ومثالي. ويبقى لنا أن نعرف كيف نمتلكه. كان بإمكاني أن أنتهي عند النقطة السابقة ولكن عندها أكون قد تركت رؤية غير كاملة لشيء مجيد دون أن يعرف الكثيرون كيفية الوصول إليه. لذا، سأصف خطوات نستطيع من خلالها تخصيص ما فعله اللّه لنا. وهم في رأيي أربع خطوات:

١ـ أن نتوب.

٢ـ أن نؤمن.

٣ـ أن نعترف.

٤ـ أن نعيش ما نؤمن به.

أن نتــوب

لا يستطيع أحد أن يتغاضى عن الخطوة الأولى الأساسية، وهي أن يتوب. يوضح الكتاب المقدس كله أنه لا يمكن أن يتصالح أحد مع الله بدون التوبة. ألاحظ اليوم أن تعليم الكنيسة عن التوبة ضعيف جداً وغير مؤثر؛ ونتيجة لهذا تعاني الكنيسة كثيراً، فقد قدمت الكثير من المشورة لعدد كبير من المؤمنين وتوصلت إلى أنه ربما تكون ٥٠٪ من مشاكلهم ناتجة من عدم توبتهم. من الضروري أن نركز على أنه لا يوجد طريق للالتفاف بعيداً عن التوبة. يعتقد بعض الناس أن التوبة أمر سلبي لذا لسنا في احتياج إليها. وأقول ربما تكون سلبية، لكن بالتأكيد نحن نحتاجها!

في (مرقس ١ : ١٥)، أعلن يسوع في بداية خدمته العلنية:

«قَدْ كَمَلَ الزَّمَانُ وَاقْتَرَبَ مَلَكُوتُ اللَّهِ فَتُوبُوا وَآمِنُوا بِالإِنْجِيلِ».

لم يقل الله أبداً لأحد أن يؤمن في العهد الجديد دون أن يطلب منه أن يتوب أولاً. في الحقيقة، لا يمكنك أن تؤمن بحق ما لم تتب بحق. يمكنك أن تختبر كل أشكال المشاعر الخارجية للإيمان لكنها غير حقيقية.

التوبة ليست مشاعر، إنها قرار. تترجم الكلمة اليونانية للتوبة في اليونانية العلمانية إلى «تغيير الفكر والاتجاه». فأن تتوب معناه أن تغير فكرك واتجاهك: كنت تعيش بطريقة معينة، لكنك الآن تعيش بطريقة مختلفة. كنت تسر نفسك، وتحيا بمعاييرك الخاصة، تدبر أمورك الخاصة على طريقتك، لكنك قررت أن تخضع لله وتحيا بطريقته، والله سيقرر لك ما تفعل وأنت ستطيعه. إن الشخص الذي تاب بالفعل لا يجادل مع الله.

بعض الناس يريدون أن تحل مشاكلهم حتى يتمكنوا من القيام بما يريدون. **فلديهم خطة خاصة**

بهم فيما يتعلق بما يريدون أن يفعلوه في الحياة. إن التوبة تقول: «هاأنذا يا رب، افعل بي ما تريد. فأنا أنحي جانباً كل طموحاتي. فقد يكون لديك خطط مختلفة تماماً لي، لذا أضع كل رغباتي جانبا. وأعلن استعدادي لأي شيء تأمرني بفعله!» هذه هي التوبة.

بعد القيامة، شرح يسوع لتلاميذه الآيات الخاصة بموته وقيامته.

«هَكَذَا هُوَ مَكْتُوبٌ وَهَكَذَا كَانَ يَنْبَغِي أَنَّ الْمَسِيحَ يَتَأَلَّمُ وَيَقُومُ مِنَ الأَمْوَاتِ فِي الْيَوْمِ الثَّالِثِ» (لوقا ٢٤ : ٤٦)

يجب أن ننادي بالتوبة أولاً، وقبل الحديث عن الغفران. لأنه ليس لنا الحق في إهمال التوبة ومنح الناس الغفران.

كنت ذات مرة في اجتماع في جنوب شرق أسيا حيث قدم الخادم رسالة ممتازة عن الشفاء. وأشار إلى كيفية الحصول على الشفاء من خلال كلمة

الله. باركتني الرسالة، لكنه قال في الختام للجموع المختلطة: إذا أردتم امتلاك هذه الحياة الرائعة وكل هذه البركات، تعالوا للأمام واحصلوا عليها!» ولم يذكر كلمة «التوبة» ولا مرة واحدة في كل رسالته. أتى العديد من الناس الذين كانوا عابدي أوثان للأمام، لكنهم لم يحصلوا على الشفاء الذي طلبوه. فكانت النتيجة ارتباك وحيرة.

من الواضح، أن الناس لم يوفوا شرط التوبة، ولم تكن هذا خطؤهم، لأن الشرط ببساطة لم يعلن لهم. نحن، الذين لنا خلفية تعرف الكتاب المقدس، نفترض أحياناً أن الناس يعرفون وجوب أن يتوبوا. لكن، في العديد من الثقافات لا يوجد لدى الناس أدنى فكرة عن ماهية التوبة الحقيقية. فمثلاً قد تعني التوبة للبعض إنزال الألم والمعاناة بأنفسهم. لكن التوبة ليست كذلك. فقد تحمل يسوع كل الألم والمعاناة التي نستحقها بدلاً عنا. إن التوبة هي التصميم الداخلي

على أن تتغير، وتتخلى عن كل شيء تتمسك به، وتقول: «يا الله، أنا رهن إشارتك.»

عند حلول الروح القدس في يوم الخمسين، تبكت الكثير من الناس على خطاياهم. ولم يكونوا يعرفون ما يجب عليهم فعله، لذا في (أعمال الرسل ٢ : ٣٧) سألوا الرسل: «**مَاذَا نَصْنَعُ أَيُّهَا الرِّجَالُ الإِخْوَةُ؟**» فقدم لهم بطرس إجابة من ثلاث خطوات:

«**تُوبُوا... وَلْيَعْتَمِدْ...فَتَقْبَلُوا عَطِيَّةَ الرُّوحِ الْقُدُسِ.**» (أعمال الرسل ٢ : ٣٨)

ماذا كان أول مطلب؟ أن يتوبوا. ولا تزال هذه هي أول خطوة في إجابة الله. لكنها ليست صفقة من أقساط، بل صفقة واحدة مرتبطة ببعضها. يجب أن نقوم بكل هذه الأشياء في وقت واحد: أن نتوب، ونعتمد، ونقبل الروح القدس.

في (أعمال الرسل ٢٠)، نجد بولس يتحدث

لشيوخ الكنيسة في أفسس، مذكراً إياهم بخدمته:

« كَيْفَ لَمْ أُؤَخِّرْ شَيْئاً مِنَ الْفَوَائِدِ إِلاَّ وَأَخْبَرْتُكُمْ وَعَلَّمْتُكُمْ بِهِ جَهْراً وَفِي كُلِّ بَيْتٍ شَاهِداً لِلْيَهُودِ وَالْيُونَانِيِّينَ بِالتَّوْبَةِ إِلَى اللهِ وَالإِيمَانِ الَّذِي بِرَبِّنَا يَسُوعَ الْمَسِيحِ. » (أعمال الرسل ٢٠ : ٢٠-٢١)

لا يهم إن كانوا يهوداً أم يونانيين أو أي شيء آخر. كان الترتيب: أولاً التوبة لله ثم الإيمان بيسوع المسيح.

آمن واعترف

لا أعلم هل أضع الاعتراف قبل الإيمان أم الإيمان قبل الاعتراف. في العهد الجديد، الاثنان لا ينفصلان في الواقع. دعونا نرى هذا في (رومية ١٠ : ٨-١٣) حيث يصف بولس شروط خلاص العهد الجديد. أريدك أن تلاحظ الترتيب. إنه يتحدث عن شيئين الفم والقلب. أول مرتين يضع الفم قبل القلب، لكن في المرة الثالثة يضع القلب قبل الفم. نحن لا نميل

للتفكير بهذه الطريقة، لكن بشكل ما، نحن نحصل على الإيمان بقول شيء ما.

إنها حقيقة مشوقة، فحين يقول الانجليز «نتعلم بالقلب» يقول العبرانيين «نتعلم بالفم». وكلاهما حقيقي. إذا أردت شيئاً في قلبك، ردد رغبتك **بفمك**! وبالعكس، إذا وُجد شيء في قلبك فإنه سيخرج فيما تتفوه به. قال يسوع: «**فَإِنَّهُ مِنْ فَضْلَةِ الْقَلْبِ يَتَكَلَّمُ الْفَمِ**» (متى ١٢ : ٣٤). إن كلاً منهما جزء من العملية الكلية للإيمان والاعتراف. إذا آمنت بشيء ما بالفعل، فسيزيد إقرارك به كلما زاد إيمانك به، وسيزيد إيمانك به كلما زاد إقرارك به. من ناحية أخرى، إذا لم تقر بما تؤمن ستتوقف عن الإيمان به، وإذا توقفت عن الإيمان فسرعان ما ستتوقف عن الإقرار.

إن كلمة «تعترف» تعني حرفياً «أن تقول نفس ما قال» وبالتالي يكون الاعتراف الكتابي هو قول نفس

ما قال الله في كلمته. إنها جعل كلمات فمك تتوافق مع كلمة الله. وهذا جوهري في عملية الخلاص. لا يمكنك اختبار الخلاص بحق دون الاعتراف الصحيح. انظر لما قاله بولس في (رومية ١٠ : ٨-٩) :

«لَكنْ مَاذَا يَقُولُ؟ «اَلْكَلِمَةُ قَرِيبَةٌ مِنْكَ فِي فَمِكَ وَفِي قَلْبِكَ» (أَيْ كَلِمَةُ الإِيمَانِ الَّتِي نَكْرِزُ بِهَا) **لأَنَّكَ إِنِ اعْتَرَفْتَ بِفَمِكَ بِالرَّبِّ يَسُوعَ وَآمَنْتَ بِقَلْبِكَ أَنَّ اللّٰهَ أَقَامَهُ مِنَ الأَمْوَاتِ خَلَصْتَ.»**

ماذا يجب أن نفعل أولاً؟ اعترف بفمك. ونحن أيضا نؤمن في قلوبنا. وبالرغم من أنها ليست الطريقة التي نميل للتفكير بها، إلا أنها الحقيقة الفعلية للاختبار.

ثم في عدد ١٠، يشير بولس للمرة الثالثة للفم والقلب، فيقول: **«لأَنَّ الْقَلْبَ يُؤْمَنُ بِهِ لِلْبِرِّ وَالْفَمَ يُعْتَرَفُ بِهِ لِلْخَلاَصِ.»**

نشأت في بريطانيا وسط أناس صالحين يذهبون

للكنيسة، كان بعضهم بلا شك مؤمنين مخلصين بحق. لكن لم يحدث أن قال لي أي منهم شيئاً عن معنى الخلاص. لأن أناس تلك الأوقات كانوا يعتبرون الإيمان والدين شيئاً شخصياً لا نتحدث عنه. لكن هذه ليست الطريقة التي يجب أن نتعامل بها مع الإنجيل. فنحن يجب أن نتحدث عنه - آمن واعترف، اعترف وآمن.

في رسالة العبرانيين، توجد ثلاث فقرات توضح مكانة يسوع كرئيس كهنة وعلاقته باعترافنا.

«**مِنْ ثَمَّ أَيُّهَا الإِخْوَةُ الْقِدِّيسُونَ، شُرَكَاءُ الدَّعْوَةِ السَّمَاوِيَّةِ، لاَحِظُوا رَسُولَ اعْتِرَافِنَا وَرَئِيسَ كَهَنَتِهِ الْمَسِيحَ يَسُوعَ.**» (عبرانيين ٣ : ١)

كان يسوع الرسول المرسل من الله ليمنحنا الفداء. وحين منح الفداء، عاد ليكون رئيس كهنة في محضر الله. لكنه يقول أنه رئيس كهنة اعترافنا. وبشكل ما،

إذا أغلقنا أفواهنا على الأرض، فنحن نغلق فم محامينا في السماء. وكلما زاد اعترافنا، زاد انطلاق خدمته كرئيس كهنة نيابة عنا.

«فَإِذْ لَنَا رَئِيسُ كَهَنَةٍ عَظِيمٌ قَدِ اجْتَازَ السَّمَاوَاتِ، يَسُوعُ ابْنُ اللهِ، فَلْنَتَمَسَّكْ بِالإِقْرَارِ.»

(عبرانيين ٤ : ١٤)

لاحظ أن الإقرار الذي يجب أن نمسك به هو اعترافنا. وهذا يعني أن علينا أن نقوله ونستمر على قوله، دون توقف أو تثبيط لهمتنا.

أخيراً، في (عبرانيين ١٠ : ٢١-٢٣)، يعود الكاتب لنفس الموضوع:

«وَكَاهِنٌ عَظِيمٌ عَلَى بَيْتِ اللهِ، لِنَتَقَدَّمْ بِقَلْبٍ صَادِقٍ فِي يَقِينِ الإِيمَانِ، مَرْشُوشَةً قُلُوبُنَا مِنْ ضَمِيرٍ شِرِّيرٍ، وَمُغْتَسِلَةً أَجْسَادُنَا بِمَاءٍ نَقِيٍّ. لِنَتَمَسَّكْ بِإِقْرَارِ الرَّجَاءِ

رَاسِخاً، لأَنَّ الَّذِي وَعَدَ هُوَ أَمِينٌ.»

لا تتحدث هذه الفقرة عن الاعتراف بإيماننا، بل الاعتراف برجائنا. إذا اعترفت بإيمانك لفترة كافية، فإنه يصبح رجاء. «**وَأَمَّا الإِيمَانُ فَهُوَ الثِّقَةُ بِمَا يُرْجَى وَالإِيقَانُ بِأُمُورٍ لاَ تُرَى.**» (عبرانيين ١١ : ١)؛ وبالتالي إذا بنينا عنصر الإيمان، فالرجاء يأتي. (تعريفي للرجاء الكتابي هو توقع واثق للخير).

في الفقرة الأولى، رأينا يسوع كرئيس كهنة اعترافنا. ثم تعلمنا أن علينا أن نتمسك باعترافنا بقوة. وأخيرا، طولبنا بأن نمسك به راسخا. فماذا يعني قوله «راسخا» ؟ دعني أشرح بتقديم مثل بسيط. إذا كنت مسافراً في طائرة وظهرت علامة وجوب ربط «حزام أمان الكرسي»، **ما معنى تلك الإشارة لك؟** توقع اضطراب. وما الذي تخبرنا كلمة راسخ؟ توقع معارضة! وهذا جوهر معركتنا، الحفاظ على اعترافنا.

حين نصل إلى إعلان الاعتراف الصحيح، تظهر قوى ظلام شريرة تعارضنا وتريد منا أن نُبقي على أفواهنا مغلقة. لذا حين نستخدم إرادتنا لفتح أفواهنا ولقول الصواب. سيستخدم الشيطان كل أنواع الضغوط، وكل سبل الإقناع، وسيستخدم وسائل الكذب، أي شيء يستطيعه، بهدف واحد-أن يجعلنا نتفوه بالاعتراف الخطأ. فكيف يمكن أن نهزمه حينها؟ بالحفاظ على الاعتراف الصحيح!

عش إيمانك

بعد أن تتوب، وتؤمن وتعترف. يبقى شيء واحد عليك القيام به. وهو أن تحيا إيمانك. (يعقوب ٢ : ٢٦) تقول: «**الإِيمَانُ أَيْضاً بِدُونِ أَعْمَالٍ مَيِّتٌ.**»

أن الإِيمان الذي لا يُعبر عنه بسلوكيات مناسبة هو إيمان ميت. أود أن اقترح عليك ثلاث سلوكيات لائقة يمكننا من خلالها التعبير عن إيماننا.

اعتمد:

إن المعمودية هي أول فرصة تؤكد فيها بشكل علني ارتباطك بيسوع المسيح كمخلص شخصي لك. قال يسوع:

«اذْهَبُوا إِلَى الْعَالَمِ أَجْمَعَ وَاكْرِزُوا بِالإِنْجِيلِ لِلْخَلِيقَةِ كُلِّهَا. مَنْ آمَنَ وَاعْتَمَدَ خَلَصَ وَمَنْ لَمْ يُؤْمِنْ يُدَنْ.» (مرقس ١٦: ١٥-١٦)

إذا درست سفر أعمال الرسل ستجد أنه لم يوجد شخص أعلن حصوله على الخلاص دون أن يعتمد. فقد أولت الكنيسة الأولى أهمية خاصة للمعمودية. وأنا لا أؤمن أن باستطاعتنا ادعاء الخلاص دون أن نعتمد. ربما نولد ثانية، لكني لا أؤمن بأننا دخلنا بحق للخلاص. نحن ليس لدينا الحق في الدخول لحياة القيامة إلا بالطريقة التي دخل بها يسوع ـ طريق الدفن، وطريق القبر. إنه أمر واضح.

حين قاد فيلبس الخصي الحبشي للرب في الطريق لغزة (أعمال الرسل ٨: ٢٦-٣٩) وكان هناك بعض الماء في الطريق، قال الخصي: «**مَاذَا يَمْنَعُ أَنْ أَعْتَمِدَ؟**» لاحظ أن الخصي هو الذي طرح السؤال، لا فيلبس ـ نفهم من هذا أن فيلبس كان قد أوضح له بالفعل أهمية المعمودية. لذا، نزل فيلبس في الماء وعمّده.

في فيلبي، حين كان بولس وسيلا في السجن (أعمال الرسل ١٦: ٢٣-٢٤)، حدث زلزال أطلق الجميع أحراراً. وحين رغب السجان في الحصول على الخلاص، ماذا حدث؟ اعتمد هو وكل أهل بيته في نفس تلك الليلة! لم ينتظروا حتى الصباح. سمعت العديد من القسوس يقولون: «لدينا خدمة معمودية خلال ثلاثة أسابيع. ضع اسمك في القائمة» لكن **هذا ليس هو المذكور في العهد الجديد.** بل، «**توبوا... واعتمدوا...**» (أعمال الرسل ٢: ٣٨).

شاهدت بعضاً من أكثر الاجتماعات تشويقاً في حياتي حيث اعتمد الناس لحظة إيمانهم. كان أحدها قد أقيم منذ عدة سنوات في حمام سباحة، ولا يزال عالقا بذهني، حين تم عماد أشخاص من مختلف الطوائف. كان هناك مجموعة من المعمدانيين الذين أتوا فقط للمشاهدة، وكان حضور الله قوياً لدرجة أن هؤلاء المعمدانيين الأعزاء أعربوا عن أمنيتهم في أن يمارسوا المعمودية بنفس الطريقة! إن جعل المعمودية مجرد طقس له موعد في أجندة الكنيسة يشبه جعل الخلاص شيئاً تكتسبه إذا حضرت للكنيسة يوم عيد القيامة. إنها عملية تفريغ له من محتواه.

أن أول شيء يجب أن تقوم به بعد أن تتوب وتؤمن بالإنجيل هو أن تتعمد. ابحث عن أحدهم ليعمدك! كنت أعلّم عن هذا مرة في جامعة «شباب له رسالة»، وكنت شديد الحرص على آلا أكون جدليا. وقلت ببساطة: آمن ثم أعتمد! ولم أقل أي

شيء عن الطريقة. لكن بعد ذلك قام أحد التلاميذ وقال: «أود أن اعتمد الآن». فقال لي أحد الأساتذة: هذه مشكلتك. خذهم أنت!. فمشينا حتى حمام السباحة واعتمدوا هناك ليلتها في نفس الوقت.

حين يكون الإنجيل غير مشوق، اعتقد أننا حينها نكون قد فقدنا شيئاً ما. وحين لا نتصرف هكذا، اعتقد انه لا يوجد الكثير من الإيمان.

قدم الشكر:

يعتبر تقديم الشكر هو الطريقة الثانية للتعبير عن إيماننا. يمكنك القيام بهذا قبل أن تعتمد، بالطبع! إن أنقى تعبير عن الإيمان هو قول «شكراً» لله. إذا كنت تؤمن حقاً بكل ما قلته هنا، ستكون شاكراً لله حتى في وقتنا هذا. وإلا ستكون غير مؤمن، أو أكثر الناس جحوداً، أو بطيء الإيمان.

فعل يسوع بعض المعجزات بسبب الشكر. فعند إطعام

الخمسة آلاف (رجل)، **لم يقل يسوع لأبيه سوى كلمة «أشكرك»**، فأصبحت الخمس خبزات والسمكتان تكفي لإشباع الجموع التي ربما زاد عددها عن العشرة آلاف. توجد قوة غير محدودة في تقديم الشكر. قضى يونان في بطن الحوت ثلاثة أيام وثلاث ليال. ولم يخرج حين صلى على الرغم من أنه صلى كثيراً، لكن في (يونان ٢ : ٩)، حين بدأ في تقديم الشكر لله، لم يستطع الحوت إمساكه بعد. إذا كنت في بطن الحوت، ابدأ اليوم في تقديم الشكر.

كن منقاداً بالروح القدس:

لنختتم هذه القائمة من السلوكيات، علينا أن ننتبه (لرومية ٨ : ١٤) التي تقول:

«لأَنَّ كُلَّ الَّذِينَ يَنْقَادُونَ بِرُوحِ اللهِ فَأُولَئِكَ هُمْ أَبْنَاءُ اللهِ.»

ليس لدى الله برنامج واحد لكل المؤمنين. سيريك

الروح القدس خطة الله لحياتك. لا تجعل حياتك مماثلة لحياة مؤمن أخر، لأن الله لديه خطة متفردة وخاصة لك وحدك.

بسيطة لكن ليست سهلة

إذا كنت تقول في نفسك: «لابد أن هناك خطأ ما فيَّ». لأن الأمر يبدو سهلاً للغاية ومع ذلك فهو صعب عليك، تعليقي هو: إن الحصول على الخلاص بسيط لكنه ليس سهلاً. هل تستطيع إدراك الفرق؟ إليك ثلاثة أسباب لعدم سهولته: فنحن لدينا ثلاثة أعداء يجعلونه صعباً.

الجسد أو العقل الجسدي:

إن معظم المعارك التي يخوضها المؤمنون هي معارك في الذهن. أليس هذا صحيحاً؟ يوجد عدو داخلنا، يدعوه الكتاب المقدس بـ«الجسد». والذين يحيون حسب الجسد عقولهم جسدية ـ ليس لديهم عقل مجدد.

«لأَنَّ اهْتِمَامَ الْجَسَدِ هُوَ عَـدَاوَةٌ لِلَّهِ إِذْ لَيْسَ هُوَ خَاضِعاً لِنَامُوسِ اللهِ لأَنَّهُ أَيْضاً لاَ يَسْتَطِيعُ. فَالَّذِينَ هُمْ فِي الْجَسَدِ لاَ يَسْتَطِيعُونَ أَنْ يُرْضُوا اللهَ.»

(رومية ٨ : ٧ ـ ٨)

يقاوم هذا العدو الأشياء التي يريدنا الله أن نقوم بها. لذا علينا أن نُخْضِعَ عقولنا لمشيئة الله. يقول بولس في (٢كورنثوس ١٠ : ٣ـ٥) إن أسلحتنا قادرة بالله على هدم حصون هادمين ظنوناً وكل علو يرتفع ضد معرفة المسيح ومُسْتَأْسِرِينَ كُلَّ فِكْرٍ إِلَى طَاعَةِ الْمَسِيحِ». من الممتع أن كلمة «مستأسرين» لا تشير للمسجونين المدنيين بل لأسرى الحرب. وبمعنى آخر، أفكارنا بالطبيعة في حالة حرب مع الله، لذا نحتاج إلى أسرها و إخضاعها بالقوة لله.

الشيطان

هناك أيضاً عدوٌ خارجي، يدعى الشيطان.

«اُصْحُوا وَاسْهَرُوا لأَنَّ إِبْلِيسَ خَصْمَكُمْ كَأَسَدٍ زَائِرٍ، يَجُولُ مُلْتَمِساً مَنْ يَبْتَلِعُهُ هُوَ. فَقَاوِمُوهُ رَاسِخِينَ فِي الإِيمَانِ.»

(١بطرس ٥ : ٨-٩)

إن صيغة الفعل في قوله «قاوموه» تأتي في زمن المضارع المستمر . فالقيام بهذا مرة واحدة لا يكفي . ولكن يجب علينا الاستمرار في المقاومة. لأنه سيستمر في الضغط علينا ، لذا علينا الاستمرار في مقاومته . يخبرنا يعقوب أن نخضع أولاً لله ثم نقاوم إبليس (يعقوب ٤ : ٧) . ثم ماذا سيحدث ؟ سيهرب منا ! لكن الشيطان عنيد . يجب أن يقتنع بأننا نعني ما نقوله بحق. وربما سيحاول بأربع أو خمس حِيَلٍ مختلفة قبل أن يتراجع .

العالم

أخيراً ، نحن نعيش في مناخ عدائي ، يدعوه الكتاب

المقدس بـ «العالم». وقال يسوع لتلاميذه ألا يندهشوا إذا كرههم العالم. وقال: «**أَنَّهُ قَدْ أَبْغَضَنِي قَبْلَكُمْ**» (يوحنا ١٥ : ١٨). ثم في العدد ١٩ استخدم كلمة «العالم» خمس مرات:

«**لَوْ كُنْتُمْ مِنَ الْعَالَمِ لَكَانَ الْعَالَمُ يُحِبُّ خَاصَّتَهُ. وَلَكِنْ لأَنَّكُمْ لَسْتُمْ مِنَ الْعَالَمِ بَلْ أَنَا اخْتَرْتُكُمْ مِنَ الْعَالَمِ لِذَلِكَ يُبْغِضُكُمُ الْعَالَمُ.**»

تشير كلمة العالم للناس والنظم غير الخاضعة لحكومة الله البارة في شخص الرب يسوع المسيح. لذا، أي شخص غير مستعد للخضوع لملكوت الله البار وحكومته في شخص يسوع يدخل في دائرة العالم. يجب أن تكون الكنيسة والعالم مختلفين تماماً. إن المشكلة العظمى التي يمكن أن تواجه المؤمنين هي دخول العالم إلى الكنيسة. وعندها تبدأ مشاكلنا.

ومن هنا، لدينا ثلاث قوى مناهضة لنا وتحاربنا:

الجسد، والشيطان، والعالم. وهذا هو السبب في الخلاص بسيط لكنه ليس سهلاً.

لذا دعونا نسعى، حتى ننمو في حياة تتمتع بملء كمال الخلاص الذي أعده الله لنا من خلال يسوع المسيح!

الغلاف الخلفي

الخلاص

أنه أكثر من مجرد غفران الخطايا

إنه أكثر من مجرد تذكرة لدخول السماء عند موتنا. بالرغم من روعة هذه العطايا، إلا أنه أكثر بكثير من هذا إن ديريك برنس يُظْهر لنا من خلال هذا الكتيب القوي. أن العمل الذي قام به يسوع على الصليب كان كاملاً من كل وجه، فقد قدم خلاصاً عظيماً، ومجيداً، وكاملاً ومتاحاً لجميعنا. لكن تخصيص كل فوائده وبركاته عملية مستمرة. ستكتشف عندما تقرأ هذا الكتيب ما هو الخلاص بحق، وما هي الخطوات التي يمكنك اتخاذها للحصول على كل فوائده الرائعة والاستمتاع بها.

ديريك برنس (١٩١٥-٢٠٠٣) درس كباحث في كلية أيتون وجامعة كمبريدج بإنجلترا وكلية كنجز

أيضاً. ودرس أيضاً العديد من اللغات الحديثة، في جامعة كمبريدج والجامعة العبرية في أورشليم.

بدأ في دراسة الكتاب المقدس أثناء خدمته العسكرية مع البريطانيين وقت الحرب العالمية الثانية، واختبر مقابلة مع يسوع المسيح غيرت حياته.

كتب أكثر من ٥٠ كتاباً، و٥٠٠ أوديو، و١٤٠ شريطاً تعليمياً مصوراً، تُرجم العديد منها وتم نشرها بأكثر من ٦٠ لغة. ولازال برنامجه الإذاعي اليومي «ميراث ديريك برنس الإذاعي» يلمس حياة الكثيرين حول العالم.

www.ingramcontent.com/pod-product-compliance
Lightning Source LLC
Chambersburg PA
CBHW071312040426
42444CB00009B/1990
* 9 7 8 9 7 7 6 1 9 4 1 8 2 *